Die Zuversicht ist meine Stärke

Das „Kleine Buch der Zuversicht“ bündelt die Erfahrungen aus einem Jahr der Krebsstationen. Mit dem Auf und Ab von Heil und Heilung, und vom Hinschwinden der Hoffnung erzählt das kleine Buch. Deutlich wird in den Texten, wie ich mich an biblische Stichworte und an Mutmach-Geschichten aus der Bibel klammerte, auch an Menschen, die mir Mut und Kraft vermittelten: mit Händen und Worten, mit Zuwendung und ärztlicher Erfahrung. Dafür bin ich Gott und vielen Menschen, aller medizinischen Begleitung und „meiner” Gemeinde dankbar. Sie entzündeten Kerzen und bewachten eine Lebenskerze, die Tag und Nacht brannte. Heute wissen sie und ich: Diese Symbolhandlungen, ihre Gesänge und Gebete vereinten sich in der Bitte um Kraft zum Leben.
Sie erfuhren in ihrer eigenen Seele, welche Auswirkungen ihre Handlungen haben und sprechen heute überzeugt vom Wunder.
Hanns Dieter Hüsch, der Kabarettist und engagierte Christ, bekannte in einer schwierigen Krankheitsphase: „Ich kann gar nicht tief genug fallen, als dass Gott mich hält und auf fängt. Das ist meine Zuversicht!“ Von diesem Glauben habe ich unendlich viel gelernt. Er steckte mich an mit seiner grenzenlosen Zuversicht und so entstand dieses kleine Buch. Es soll ein Mutmach-Buch sein, das die Hoffnung bestärkt, damit Sie nicht aufgeben oder klein beigeben. Es soll die Kraft zum Leben vermitteln und wie Medizin wirken als eine „ansteckende Gesundheit“.
Die Bilder des Malers Rudolf Mirer verstärken die niedergeschriebenen Erfahrungen und eröffnen eine zusätzliche Dimension aus Noah- und Jona-Geschichten, besonders aber den Einklang des Heiligen Franziskus mit der Natur. Das Blau des Himmels und das Rot der zuneigenden Liebe möge Sie begleiten und erfüllen.

Mit guten Wünschen

Uwe Seidel

...da berühren sich Himmel und Erde

Wann bewegen wir uns aufeinander zu,
berühren oder verweben uns mit dem Himmel
und der Erde, so dass sie sogar miteinander verschmelzen?

Wenn Menschen zueinander finden und zueinander halten; wenn sie ihre „Spaß-Gesellschaft" verlassen und sich für Frieden und Gerechtigkeit auf die Beine machen, da ihre Sehnsucht größer ist als alle ihre Bequemlichkeit.

Wenn David seinen Jonathan findet für eine verlässliche
und liebevolle Freundschaft,
oder wenn Maria hochschwanger zu ihrer Seelenverwandten
Elisabeth flüchtet, sicher vor üblen Nachreden
und Verleumdungen,
dann berühren sich Himmel und Erde.

Wenn die Fischer auf Verdacht und auf das Wort Jesu doch noch einmal hinausfahren und einen großen Fang einbringen, dann ihre Netze weglegen und ohne einen blassen Schimmer, was sie alles erwartet, nachfolgen, aber mit der Sehnsucht im Herzen, dass diese Nachfolge den Himmel auf die Erde holt – wenigstens ab und zu.

Wenn eine Gemeinde mit ihren „Gebeten für Menschen in Not" selber dem Himmel entgegenwächst,
dann erfüllt die Kraft des Himmels die Betenden und Bittenden.
Der Himmel neigt sich herab wie eine tröstende Mutter
sich zum Kind beugt.

Und was tust du,
wenn der Himmel sich entfernt, du den Kontakt verlierst,
wenn die Verbindung abreißt oder schon abgerissen ist?
Dann suche Freundinnen und Freunde auf,
die den Himmel noch berühren.
Sie werden dir ein Stück von ihrem Himmel schenken.

Romeo
e Giulietta,
Original,
(2002)

Mein Herz hofft auf dich

Wenn mir der Boden unter den Füßen
schwankt und schwindet –
du Gott, bist mein Fels.
Wenn ich zu dir rufe, so bitte ich dich:
Schweige nicht, höre meine Stimme,
wenn ich auch zu schwach bin
laut zu rufen oder gar zu schreien.

Ich lobe dich aus der Tiefe
und danke dir, dass du mein Flehen hörst;
denn du bist meine Stärke
und mein Schild,
um mich vor den Schrecken und
dem Chaos der Zeit zu schützen.
Mein Herz hofft auf dich
und mir ist geholfen.

Mein Herz ist wieder fröhlich
und singt das Lied des Lebens.
Du machst mich stark in meiner Schwäche;
denn du hast ein Auge auf mich geworfen.
Ich gehöre zu deinen Wundern,
die du segnest und beschützt.

So lege ich dir die Menschenkinder ans Herz,
die deinen Segen so nötig haben
wie das tägliche Brot.
Erfülle sie mit deiner Lebenskraft.
Guter Gott,
diese Bitte ist mir ein Herzensanliegen.

Heiliger Franciscus – zur Schöpfung, Original (1999)

Grenzenlos

Ich wandere nicht.
Die Kräfte fehlen; jede Bewegung ist unmöglich.
Stimmen dringen nur entfernt an mein Ohr.
Antworten sind kaum möglich.

Ich wandere übers weite Feld.
Kaum berühre ich den Boden;
fast schwebe ich über weiches Grün.
Eine wohltuende Wärme durchflutet mich,
als wenn eine große Kraft mich beschützt und bewegt.

Äußerlich gibt es wenig Hoffnung.
Die Augen liegen tief; der Blick ist nach innen gekehrt.
Fast nichts erreicht mich.

Ein großes Tor – ohne Tür strahlt anziehend Wärme aus.
Eine grüne, gewachsene Wand vom Himmel zur Erde,
wird durchlässig.
Gleißendes Licht wirkt wie ein Magnet,
zieht mich an, macht mich leicht.

Die Zeit vergeht, Bruchstücke nehme ich wahr,
ein Hauch der Ewigkeit erreicht meine Seele.
Jetzt fürchte ich kein Unglück mehr;
denn SEIN Stecken und Stab trösten mich.

Ich eile auf das Tor zu.
Der Übergang vom Diesseits zum Jenseits hat sich aufgetan.
Ohne Angst, ohne Furcht sehe ich dem Licht entgegen.
Die Ewigkeit wird begehbar.

Doch irgendjemand, eine große Kraft hält mich fest;
führt mich auf die Straße des Lebens zurück.
Ich habe die Ewigkeit geschmeckt –
und lebe.

GEPRIESEN SEIST DU, HERR, MIT ALL DEINEN GESCHÖPFEN, ORIGINAL (2002)

Ein gnädiger Himmel

Möge der Himmel mir gnädig sein
und seine Zuversicht über mir ausbreiten.
Wenn ich müde und verzagt bin
möge er in mir neue Kräfte säen.

Möge der Himmel mir gnädig sein
dass meine Hoffnung nicht wie Sand
zwischen den Fingern zerrinnt
und ich mich wieder an Gottes Schöpfung freuen kann.
Möge meine Zuversicht wachsen und reifen
und Früchte tragen, damit auch andere von ihr zehren können.

Möge der Himmel mir gnädig sein
wenn dunkle Wolken meinen Horizont verengen
und ich kaum den nächsten Schritt erkennen kann.
Möge meine Zuversicht ausstrahlen
und mir selber Kraft zum Leben geben.

Möge der Himmel mir gnädig sein
und mich auffangen und halten im Netz der Geborgenheit
denn die Zuversicht ist meine Stärke
und ein Halt in allen Nöten, die mich getroffen haben.

Möge der Himmel mir gnädig sein.

Die Schöpfung, Litho (1996)

Gutes empfangen – Böses annehmen

Wie aus heiterem Himmel –
wie aus finsterer Tiefe kommt das Böse,
nichts ist ihm heilig, nichts soll unversehrt bleiben.
Der Angriff auf Leib und Seele gehört zu seinem
teuflischen Plan.

Wie Hiob zu einem Spielball von Gut und Böse,
zwischen Gott und dem versuchenden Satan zu sein scheint,
so bin ich hin- und hergerissen zwischen
Zuwendung und Einsamkeit,
zwischen tödlicher Krankheit und lebendiger Hoffnung.
„Nichts soll mich scheiden von der Liebe Gottes,“
sage ich mir.

Aber wenn ich so weit von Gottes Liebe entfernt bin –
oder doch schon wieder nah?
Ich weiß es nicht.
Ist der Grenzgang zwischen Gut und Böse „nur“ ein Versuch
der Prüfung, dass Gott weiß, wie ich es meine?
Ich weiß es nicht.

Die Freunde kommen und harren aus im Schweigen;
denn Worte greifen nicht mehr.
Sie nehmen die Hände und halten sie fest.
Sie übertragen ihre Hoffnung und ihre Kraft und vermitteln:
Bleibe bei uns, denn ohne dich ist unsere Welt ein wenig ärmer.
Bleibe bei uns, denn deine Lieben brauchen dich.
Du sollst „um Gottes willen“ nicht verderben und für uns
verloren gehen.

Nach langer Zeit entweichen Schrecken und Ohnmacht.
Das Leben kehrt zurück und durchdringt Leib und Seele.
Die Lieben und alle, die mit gezittert, gehofft und gebetet
haben, danken und loben den Schöpfer, der dieses Leben
gerettet hat.
Die Wissenden aber sprechen von einem nicht
zu übersehenden Wunder.

HIMMEL,
WASSER,
ERDE (2001)

Mein Sonnengesang

Wer bringt Licht ins dunkle Tal
Wer vertreibt die Finsternis
Wer taut die Kälte auf
Und belebt die Einsamkeit
Gott, mein Schöpfer

Wer wärmt mich mit seinen Sonnenstrahlen
Wer zeichnet den Gestirnen ihre Bahn
Wer bestimmt den Kreislauf der Gezeiten
Und weckt neues Leben in mir
Gott, mein Schöpfer des Himmels und der Erde

Ich lobe dich, mein Gott
Sonne, Mond und Sterne
loben deine Schöpferkraft
Die Vögel unter dem Himmel
loben deine Schöpferkraft
Die Tiere auf der Erde
loben deine Schöpferkraft
Die Fische der riesigen Meere
loben deine Schöpferkraft
Ich lobe meinen Gott

Wer durchflutet mich mit seinem Geist
Wer schenkt mir wärmende Kraft
Wer lässt mich die Tür zum Leben durchschreiten
Und führt mich in den weiten Raum
Gott, mein Schöpfer des Himmels und der Erde

Wer lässt die Herzen schlagen
Wer kommt mir entgegen
Wer behütet mich mit Sonne, Mond und Sternen
Und gibt mir Halt im weiten All
Gott, mein Schöpfer des Himmels und der Erde

Heiliger Franciscus – Sonnengesang, Original (1996)

Rückenstärkung

Sie hatte die Zukunft verloren
die Hoffnung schwand
ein Tief reihte sich an das andere
Wie es weitergehen sollte
war ihr ein Rätsel

So stand sie am Geländer
der Blick weitete sich
aber nicht die Seele
Wer sollte sie aufrichten
Sie fühlte sich wie geknickt

Alles tat ihr weh
Der Geist – das Herz – die Seele
Mit einem Mal fühlt sie
wie jemand ihr den Rücken herunterstreicht
alles in ihr erwärmte sich

Neue Hoffnung wurde von der Wärme geboren
Mit Fingerspitzen und Gefühl
vermittelte dieser Jemand neuen Lebensmut
„Das geknickte Rohr richtet sich wieder auf –
und der verlöschende Docht fängt wieder Feuer"

Sie sieht sich um
niemand ist zu sehen
aber sie spürt ganz deutlich
eine lebendige Kraft hatte sie bestärkt:
Ein Bote Gottes – ein Engel im richtigen Moment?
Sie kann es nicht sagen
aber sie zehrt von dieser Begegnung
bis auf den heutigen Tag.

Moses, Original (2001)

Wie eine Decke

Die Gleichgültigkeit legt sich wie ein
weiter Mantel über ihn
Starr liegt er da und dämmert vor sich hin
Nichts und niemand kann ihn bewegen
Keiner ihn auf die Füße stellen
Alle, die kommen, sind verzweifelt.

Es ist schön, so abzutauchen, fühlt er
Keine Belastung – keine Sorgen – keine Fragen –
auch keine Antworten
nur ein Dahindämmern ohne Wenn und Aber
Doch es kommt anders als er denkt und fühlt:
Der Mantel der Gleichgültigkeit wird von ihm genommen
heruntergezogen
und mit aller Kraft entfernt.

Er richtet sich auf
Und sieht zwei Gestalten in hellen Gewändern
erdig gestreift
die ziehen die Decke fort – mit aller Kraft
obwohl er sie nicht als schwer und belastend empfand
Aber sie muss wohl ein erhebliches Gewicht haben
wenn zwei erforderlich sind
um das Leben zu ändern.

In dieser Nacht beginnt eine neue Zeitrechnung
für ein neues Leben
Zwei Engel sind nötig
um die schwere Gleichgültigkeit aus der Seele zu ziehen
Zwei Engel sind es
die ihn von nun an begleiten
Zwei Engel des großen Gottes –
Er, Gott, wird sich schon etwas dabei gedacht haben
wie er Leben erhält, behütet und beschützt.

Heiliger Franciscus – Der Sonnengesang (1999)

Die Weite des Himmels

Deine Güte reicht so weit der Himmel ist
Und deine Wahrheit umspannt die Erde.

Ost und West, Süd und Nord werden unter
deiner Wohltat wohnen.
Deine Liebe ist unvergleichlich und unerschöpflich.
Deine Treue ist unendlich, so weit die Wolken ziehen.

Deine Gerechtigkeit steht fest wie die Stadt auf dem Berge.
Jeder kann sie sehen und seinen Weg dorthin lenken.

Alle vier Winde erzählen von deiner Menschlichkeit.
Deine Entscheidungen sind so gut und so tief wie das Meer.

Bei Dir ist die Quelle des Lebens –
Wer wollte da anderes Wasser trinken?

Dein Licht erhellt uns den Weg im Dunkeln –
Wer wollte da den Irrlichtern nachlaufen?

Du bist unser Gott, bei dir finden wir Schutz.
Deine Liebe ist wie die Sonne von der wir leben.

Wie gut ist deine Güte, Gott, denn in deiner Geborgenheit
Finden wir Schutz.

Du tränkst unsere Seelen mit deinem Wohlgefallen
Wie mit einem nie endenden Strom.

Denn deine Güte reicht so weit der Himmel ist
Und deine Wahrheit umspannt die Erde.

Papageno, Original (1999)

Wider alle Vernunft

Niemand glaubte ihm, nur seine Familie sagte zu allem JA und AMEN. Wer wollte schon auf einem Berg ein Schiff bauen? Wer redete von Gefahr und Not und Tod? Man hatte sich in den Ebenen des Auskommens gut eingerichtet. Jeden Tag stand ihre vermeintliche Zuversicht am Himmel geschrieben. Darum hielten sie ihn für verrückt. „Er verrückt unsere Vorstellungen von Zukunft und Sicherheit," sagten sie über ihn. Und wer wollte schon an Schreckensmeldungen glauben. Immer wenn er mit seinen Bauplänen kam, um Holz zu fällen, lachten sie sich halb tot. Er sagte, er wolle alle retten, besonders die Tiere. Die dürften nicht aussterben. Sie verstanden ihn nicht – oder wollten ihn nicht verstehen, vielleicht konnten sie es auch nicht. Ihr Horizont war zu eng. Er aber hatte einen großen Horizont; denn er vertraute seinem Gott. Nach seinen Anweisungen handelte er. Wenn es auch wider alle Vernunft in die Wälder und auf den Berg ging, um das Schiff zu bauen: nach den Plänen Gottes. So machte er sich zum Gespött der Men schen. Niemand glaubte ihm. Keiner half ihm. Nur Spott begleitete ihn.

Er aber hielt an den Plänen Gottes fest. „Meine Zuversicht ist größer als euer Kleinglauben," sagte er, „meine Hoffnung ist weiter als euer kurzer Atem. Seht die Zeichen der Zeit – aber ihr könnt sie nicht verstehen und nicht deuten. Seht die Bosheit der Menschen, sie schreit zum Himmel – aber ihr könnt sie nicht hören."

So baute er mit seinen Söhnen zur Rettung ein Schiff: seine Gottes-Arche. Die Zeichen am Horizont sagten: „Es wird Zeit. Die Zeit ist reif. Sammle die Menschen, die zu dir gehören, und die Tiere zum Weiterleben. Ihr sollt überleben." Und so kam es, wie es kommen musste. Die Tiere mit ihrem besonderen Sinn für Gefahr und Chaos fanden sich ein, und die Menschen, die dazugehörten, retteten sich in das Boot, an dem sie so lange gebaut hatten.

Die anderen sahen erst die Katastrophe, als es schon zu spät war. Ihre vermeintliche Zuversicht löste sich in Wasser auf. Das, was sonst als Lebenselixier galt, war ihr Tod.

Die Sintflut erreichte sie alle. Sie reichte über alle Berge und trug die Arche 40 Tage und 40 Nächte. Eine lange Zeit für die Zuversicht auf Gott. Zweifel und Angst, Unmut und Ungeduld fuhren mit – nicht nur reines Gottvertrauen. Ein Ölzweig aber setzte allem Hadern ein Ende. Sie fanden wieder Grund unter den Füßen. Die Erde wurde wieder bewohnbar. Gott sagte den Menschen zu: „Mein Regenbogen überspannt die Erde. Die Hoffnung soll nicht mehr sterben. Die Zuversicht darf nicht mehr untergehen und der Glaube soll nicht mehr ertränkt werden":

„Es sollen nicht aufhören Saat und Ernte, Frost und Hitze, Sommer und Winter, Tag und Nacht. Kein Fluch soll mehr die Erde zerstören um der Menschen willen. Es sei denn, die Menschen richten sich selber zugrunde. Ich weiß: Das Dichten und Trachten des menschlichen Herzens ist böse von Jugend an." Aber auch diese Herzen wurden gerettet. Trotz aller Bedenken schloss Gott mit Noah einen Bund für das Leben, für ihn und alle seine Nachkommen. „Meinen Regenbogen habe ich in die Wolken gesetzt als Zeichen der Versöhnung zwischen mir und der ganzen Erde."

Der Berg Ararat

Nach so vielen Tagen landeten sie auf dem Berg Ararat.
Endlich hatten sie wieder Boden unter den Füßen.
Zwischen Zweifel und Hoffnung waren sie hin- und hergerissen.
Auf engstem Raum lebten sie mit den Tieren zusammen.
„Es ist unsere Rettung," redete Noah auf die Zweifelnden ein.
Wir haben keine andere Wahl; denn Gott hat uns erwählt.

So ließen sie eine Taube nach der anderen fliegen,
damit sie Wasser und Land erkunden konnten.
Aber nichts deutete an, dass die Welt wieder lebte –
bis endlich eine Taube mit einem Ölzweig zurückkam.
„Wir leben," sagten sie untereinander,
„wir haben überlebt und das bedrohende Wasser kehrt in
die Ebenen zurück."

Sie feierten einen Dankgottesdienst,
alle Noah-Leute mit den Tieren.
Das war der neue Anfang nach dem schlimmen Ende.
Was mit der Zeit nicht zu übersehen war:
Nicht nur das Gute wurde gerettet,
auch das Böse hatte überlebt.
Kriege und Not und Tod schwammen mit in der Arche,
auch Krankheit, Neid und Hass.

Gott schloss mit Noah und seinen Leuten
einen neuen Bund,
der aber auf die Dauer nicht hielt,
so dass er wieder erneuert werden musste.
Sein Sohn Jesus sollte die Welt retten – als die Zeit reif war.
„Nicht sehr erfolgreich," sagten die einen.
„Die letzte Rettung – unsere einzige Chance",
sagten die anderen:
„denn die Welt kann nur mit Gottes Liebe überleben,
nicht mit Gewalt und Rache.
Wir geben die Hoffnung nicht auf!"
Das war ihr Bekenntnis bis zum heutigen Tag – weltweit.

Mein Wille

Du bist behütet, was auch immer geschieht,
du bist beschützt, was du auch immer erlebst.
Du wirst von Engeln getragen, gehalten, aufgefangen,
wie tief du auch fallen magst.

Ich schütze dich, Mensch, an Leib und Seele
und ich schütze deine Würde,
denn ich weiß, alles ist in Gefahr.

Meine Fürsorge gilt dir,
damit du nicht unter die Räder kommst.
Meine Engel sollen dich ummanteln,
begeistern, führen und leiten:
Auf den Spuren der himmlischen Heerscharen;
bist du zu Hause.

Der Traum vom neuen Leben

Endlich war alles neu: Ein neuer Himmel und eine neue Erde. Das Alte war vergangen, vergiftet, verseucht, verkommen; zu nichts mehr nütze. Das Neue war für die Menschen „der Himmel auf Erden".
Das neue Jerusalem wächst vom Himmel herunter auf die Erde – ungewöhnlich, aber wahr; denn Gott persönlich plante Stadt und Land.
Gott wohnt bei den Menschen und die Menschen werden zu Gotteskindern. Er kümmert sich um alle – und sie lassen es sich gerne gefallen. Alle geweinten Tränen wischt Gott ihnen aus ihren Augen. Es gibt keinen Tod mehr und kein Leid, niemand leidet mehr Schmerzen, weder an seinem Körper noch an seiner Seele.
„Siehe, ich mache alles neu!", sagt Gott zu den Menschen und er hält sein Versprechen. Die Menschen kommen aus dem Staunen nicht mehr heraus.

Abendmahl, Original (1996)

DER REICHE FISCHFANG, LITHO (1992)

Voller Gesang

Sie hatten sich in der Kirche versammelt, so wie es in alten Zeiten schon Tradition war. Sie singen und beten, hören und meditieren, feiern das gemeinsame Mahl; so kommen sie zusammen, um eine lebendige Gemeinschaft in unserer Zeit zu erleben. Neue geistliche Lieder begleiten ihre Liturgie. Viele Kerzen werden zur Bitte, Fürbitte und zum Dank entzündet.
Eine Lebenskerze brennt Tag und Nacht zur Fürbitte für einen todkranken Freund. Die Lieder und Gebete der Menschen lassen die Luft schwingen. Der heilende Geist Gottes durchflutet und erfüllt den Raum. Die Fürbitten des versammelten Volkes Gottes steigen zum Himmel empor und die hoffende Kraft kehrt wieder zu den Menschen zurück. Sie stärkt ihr Zusammensein, festigt ihren Glauben und lässt ihre Hoffnung, ihre „La Esperanza" bis zum Himmel wachsen – über alle Grenzen hinweg.
Sie sind auf der Erde mit dem Himmel verbunden, von ihm umgeben, von ihm berührt. Diese Erfahrung kann ihnen niemand nehmen. Das stärkt sie in ihrem Glauben.
Gegen Mittag geschieht das Wunderbare. Eine unfassbare, lebendig machende Energie kehrt in die fast leblose Seele zurück. „Ein Wunder," staunen alle. „Was ist geschehen? Was geschieht hier unter uns? Wer hat hier geholfen? Wer hilft? Welcher Geist erfüllt zu Himmelfahrt Körper und Seele?" Lasten fallen, die Ohnmacht weicht, die Lethargie versandet. Die Freiheit atmet die Hoffnung. Das Tor zum Leben ist aufgestoßen.

Das versammelte Volk Gottes betet und hofft auf Heil und Heilung. Ihr Gebet wird zur geballten Kraft. Über Mauern und Entfernungen hinweg erreicht es die Wendung. Die Genesung beginnt mit Gebeten; Gebete machen Menschen gesund. Sie wenden das Böse zum Guten. Viele hatten diese Erfahrung schon vergessen. Jetzt wird sie wieder lebendig und bedeutet für sie ALLE eine Leben spendende Kraft.

So bunt wie das Leben

Sie hatten die ganze Nacht durch gefischt und nichts gefangen. Niemanden verwunderte es, dass die Stimmung auf den Nullpunkt sank. Wie es üblich war, fischten sie nachts, wenn die Fische von den hellen Lampen angezogen wurden. Aber in dieser Nacht blieb der Erfolg aus. Trotzdem mussten die Netze gewaschen werden; denn sie wollten in der nächsten Nacht wieder auf den See.
Als Jesus die beiden Boote am Strand liegen sah, stieg er in eins der Boote und ließ sich ein wenig vom Land wegfahren, redete zu den Menschen. Er sprach vom Himmel auf Erden und traf ihre Sehnsucht nach einer menschlichen Welt. Als er aufgehört hatte, sagte er zu Simon: „Fahrt hinaus, wo es sehr tief ist, und werft eure Netze aus!" „Oh, Gott, wir haben die ganze Nacht gearbeitet und nichts gefangen. Alles umsonst," antwortete Simon. „Aber auf dein Wort wollen wir die Netze auswerfen."

Sie haben nichts Festes in der Hand – aber auch nichts zu verlieren. Nur auf sein Wort sich verlassen?
Auf ein Wort kann doch keiner bauen, vor allen Dingen, wenn es gegen die Vernunft und Erfahrung gerichtet ist.
„Aber auf dein Wort hin wollen wir hinausfahren."
Auf sein Wort hin – der Glaube keimt bei Simon und sie fahren hinaus, werfen die Netze aus und fangen so viel, dass das zweite Boot noch helfen muss. Beide sind bis zum Rand gefüllt, so dass sie fast sinken. Ein Wahnsinnserfolg!
Simon zittert am ganzen Körper. „Ab jetzt wirst du Menschen fangen," sagt Jesus zu ihm, zu Jakobus und Johannes.
So war es: Zeit ihres Lebens sammelten sie die Jesus-Gemeinden, so bunt wie die Fische im Meer – und so zahlreich.

Noahs Hoffnung, Original (2000)

Die neue Stadt, gebaut vom Himmel herunter, glänzt in hellem Licht. Die zwölf Tore stehen auf den Grundmauern riesengroßer Edelsteine, auch zwölf an der Zahl.
Der Marktplatz ist mit Gold überzogen. Darauf spielen die Kinder: Sie singen und tanzen, hüpfen und springen.
Es gibt keinen Streit und keinen Krieg auf der Welt.
Die Menschen musizieren zur Ehre Gottes. Niemand macht einem anderen mehr das Leben mehr zur Hölle; sie haben ja den Himmel auf Erden. Die Tore der Stadt stehen immer offen. Jeder strahlt vor Glück. Niemand tappt mehr im Dunkeln. Von Gottes Thron fließt frisches, reines Wasser, der Strom des Lebens. Der Strom tränkt alle Bäume in der Stadt. Sie tragen zwölf Mal im Jahr Früchte. Ihre Blätter heilen die Menschen rund um die Erde.

Auf den Stirnen der Menschen steht der Name Gottes geschrieben; denn diesen Namen haben sie alle in ihren Köpfen. Gott erleuchtet die Menschen, so strahlen sie alle in seiner Herrlichkeit. „Der Mensch ist nun wieder ein Ebenbild Gottes", sagen sie zueinander und sind von Herzen froh: „Endlich leben wir im himmlischen Jerusalem und atmen die Unendlichkeit.“ Gott ist endgültig bei den Menschen zu Hause und die Menschen sind wieder mit Gott auf Du und Du – ganz gleich, welcher Religion und Hautfarbe sie angehören. Es gibt keine Armen mehr; denn Gott gibt jedem, was er braucht zum Glücklichsein. Seine Gerechtigkeit umspannt die Erde.

Das goldene Zeitalter aus Licht und Güte, aus Lebensstrom und Immergrün hat begonnen.

BEGEGNUNG MIT GOTT UND MENSCHEN, SERIGRAHIE (1998)

Wie Jonas in der Tiefe

Wie Jonas vom Fisch verschlungen, so wie die alte Geschichte erzählt, lag ich in der Tiefe mehr als drei Tage und drei Nächte. Eine lange Zeit, die kein Ende nahm. Ich rief zu Gott, soweit ich meine Gedanken noch sammeln konnte:

Du warfst mich in die Tiefe,
die Fluten schlugen über mir zusammen
und nahmen mir den Atem.
Die Wogen von Angst und Apathie gingen über mich hinweg,
dass ich dachte, du hättest mich aus den Augen verloren.
Meine Kräfte schwanden, die Kraftlosigkeit ging mir ans Leben,
die Tiefe schloss mich ein wie ein Kerker.
Ich sank hinunter, tiefer konnte ich kaum noch sinken.
Als meine Seele nur noch zitterte,
habe ich mich deiner erinnert.
Du hast mich aus der Tiefe geholt, Herr, mein Gott.
Du hast mein Leben aus dem Verderben geführt.
Mein Gebet stieg zu dir empor
durch das Dunkel hindurch zum Licht.
Du hast mein Leben erhellt.
Mit deinem Schöpfergeist holtest du mich
aus der Entfernung wieder zu dir.
Ich bin ganz nahe bei dir, mein Gott.
Mein Geist ist erfüllt von deinem Geist.
Bei dir will ich bleiben; denn du hast mich gerettet:
Ein Wunder aus der Tiefe.

Nach dieser Zeit spie der Fisch Jona ans Land. Und so wie Jona ging ich zu den Menschen, um zu erzählen: Gott tut Wunder bis auf den heutigen Tag. Ihr müsst sie nur sehen und glauben, und eure Augen offen halten für die Zeichen in unserer Zeit. So gewinnt ihr eure Zuversicht wieder, die euch vielleicht verloren gegangen ist.

LIEBE, ORIGINAL (1999)

Die neue Hymne

Die Menschen atmen das Licht,
ein Fest zu feiern tanzen sie
in weißen Gewändern.
Anbetend erheben sie ihre
Hände und Arme zum Himmel
und preisen deinen Namen.
Bruder Mond und die Gestirne
leuchten am Himmelszelt und
preisen deinen Namen.
Bruder Wind und Bruder Sturm,
sie bewegen die Wolken und
preisen deinen Namen.

Schwester Luft, die wir atmen,
die Hülle, die uns schützt,
sie preist deinen Namen.
Schwester Quelle, aus der wir
das Leben schöpfen,
sie preist deinen Namen.
Geschwister Meere,
erfüllt aus allen Tiefen –
unendliche Vielfalt,
sie preisen deinen Namen.

Gottes Freude erfüllt die Erde.
Der Himmel dreht sich zum Tanz.
Und Gott tritt aus dem All heraus,
um sich der Menschen anzunehmen.

Niemand soll mehr ziel- und planlos
sein Leben leben.
Im Lichte schauen sie das Licht.
So finden sie ihren Weg
und überwinden ihre Kreuzwege.
Sie alle preisen deinen Namen.

Und Gott schuf den Himmel, die Erde und die Meere (1994)

Frieden in den Wirrnissen des Lebens

Die Sonne möge Klarheit über unsere Erde scheinen
lassen und die Schattengedanken durchdringen.
Sie möge mit ihren Strahlen das Übel unserer Zeit bezwingen
und den Frieden auferwecken.

Du erleuchtest die ganze Welt:
die Tiere dieser Erde, die Vögel unter dem Himmel,
die Fische in den Meeren und alles,
was kriecht und läuft und fliegt und schwimmt.

Erleuchte die Völker der Erde,
dass sie nicht mehr gegeneinander leben,
sondern füreinander einstehen.
Tilge den Hass und die Zwietracht, allen Streit
und die menschenunwürdigen Prozesse.

Du säst den Frieden in den Schlachten
und eröffnest den Friedensschluss zum Wohl
der geschundenen Welt.
Umhülle uns mit deinem liebevollen Erbarmen,
wie ein Beschützer, der für uns einsteht.

So möge der hohe Himmel mich umkleiden
mit deinem Lichtgewand.
In deinen Händen bin ich geborgen, mein Gott.
Du achtest auf mich und lässt mich nicht
aus deinen beschützenden Händen fallen.
In jeder Dunkelheit,
vor jedem Hindernis bin ich aufgehoben von dir.

Respekt –
Liebe –
Achtung,
Litho
(1999)

Mein Lebensbaum

Seine Blätter wirft er in den Wind.
Zur Erde kehren sie zurück
und werden wieder zur Erde.
Siehst du zu ihm herab,
so empfängt dich der Geruch
der Vergänglichkeit.
Schaust du zu ihm hoch,
weisen die scheinbar toten Äste
zum Himmel.

Der Wissende aber kennt
den Rhythmus des Lebens:
Das Leben sitzt noch in den Ästen.
Die Hoffnung steigt aus den Wurzeln
bis in die kleinste Astspitze.
Niemand kann diesem Kreislauf
des Lebens ein Ende setzen,
es sei denn durch Gewalt.

Aber wer will schon das Leben
beschneiden oder gar töten?
„Niemand soll Menschen und Natur
aus meiner Hand reißen",
sagt Gott, der Schöpfer.
Und daran wollen wir uns halten,
wenn die Blätter im Winde wehen.
Um Gottes Willen.

WINTER, ORIGINAL (2002)

Lass mich dein Engel sein

Der Engel des Schutzes, der Gewalt verabscheut
und immer eine friedliche Lösung parat hat,
der Engel, den ich meine, heißt Tobias.
Tobias ist ein Menschenkind, das Menschen
auf ihrem Lebensweg begleitet.
Er hat noch nie einem anderen etwas zuleide getan.
Im Gegenteil:
Überall, wo er auftaucht, geschehen Zeichen und Wunder –
und alles wendet sich zum Guten.
Er kommt bestimmt aus dem Himmel
und wird dir ein Engel der Liebe,
der Zuversicht und der Hoffnung sein,
der anderen Menschen hilft und
die Hoffnung in ihnen stärkt.

Er gibt die Hoffnung nie auf und baut auf Gott.
Er ist dein Schutzengel.
Dein Engel.
Er bewahrt dich vor allem Bösen
und schenkt dir Kraft für den neuen Tag.

Manuel Seidel

BEGEGNUNG, LITHOGRAPHIE (1993)

Uwe Seidel wurde 1937 im westfälischen Soest geboren. Evangelische Theologie studierte er in Wuppertal und wurde dann in das Volksmissionarische Amt der Evangelischen Kirche im Rheinland berufen, danach ging er als Gemeindepfarrer nach Düsseldorf und Köln. Seit 1965 arbeitet er an neuen Gottesdienstformen. Dem Katholikentag und dem Evangelischen Kirchentag, der „Lebendige Liturgie" und dem „Neuen Geistlichen Lied" gilt sein Engagement. Er entdeckt und pflegt besonders die kreativen ökumenischen Verbindungen. Zahlreiche Veröffentlichungen sind von ihm in den letzten 20 Jahren erschienen.
Das „Kleine Buch der Zuversicht" ist nun das vierte von ihm in dieser Reihe.

Rudolf Mirer wurde am 9. Juli 1937 als Spross eines alten Walsergeschlechts in Chur geboren. Er ist Bürger von Obersaxen GR. Nach dem Besuch der Kunstgewerbsschule in St. Gallen arbeitet Rudolf Mirer vorerst als erfolgreicher Textilentwerfer. 1962 verpflichtet er sich für 2 Jahre bei der päpstlichen Schweizergarde im Vatikan. Dieser Aufenthalt in Rom, der ewigen Stadt, ließ in Rudolf Mirer den Entschluss reifen: „Ich will freischaffender Maler werden." Nach der Rückkehr in die Schweiz setzte er sein Vorhaben mit großer Beharrlichkeit und Konsequenz in die Tat um. Die ersten Jahre seines freien Schaffens wurden für ihn zum reinen Existenzkampf. Sein großer Durchhaltewillen wurde schließlich belohnt. Rudolf Mirer gilt als einer der bedeutendsten bildenden Künstler der Schweiz. Internationale Anerkennung erhielt er 1993 durch die Schaffung der Lithographie „At home all over the world" im Auftrage der Vereinten Nationen und 1996 durch die Gestaltung der Sondermarkenserie zum 50. Jubiläum der Weltorganisation der Vereinten Nationen, wofür er am 2. Februar 1996 am Hauptsitz in New York geehrt wurde.

Inhalt

Impressum

Rudolf Mirer – Uwe Seidel
Das kleine Buch der Zuversicht

1. Auflage 2003

Postfach 32 11 11, 40426 Düsseldorf

Gesamtherstellung: contzen print GmbH, Lünen

Best.-Nr. tvd 20340.1
ISBN 3-926512-60-1